Simone Porok

Selbst-
motivation
pur

Crashkurs kompakt

Simone Porok

Selbstmotivation pur

NIKOL
VERLAG

Genehmigte Lizenzausgabe für
Nikol Verlagsgesellschaft mbH & Co. KG,
Hamburg 2012

Titelabbildung: istockphoto.com
Covergestaltung: Thomas Jarzina, Holzkirchen
Printed in the Czech Republic
ISBN: 978-3-86820-155-0

www.nikol-verlag.de

Das Lebensmotto

Das Lebensmotto beschreibt die große Vorstellung davon, wie Sie Ihr Leben gestalten wollen. Es wird auch als Lebensvision, Mission Statement oder Leitbild bezeichnet.

Ein Lebensmotto dient Ihnen als Leitfaden und bringt Ihre Einstellung auf den Punkt. Berühmte Persönlichkeiten, Unternehmen, Institutionen, Städte, selbst Veranstaltungen haben ein Motto oder einen Wahlspruch. Warum nicht auch Sie?

Das Lebensmotto

Formulieren Sie in einem kurzen Satz die Aussage, die Ihre Vision vom Leben am besten beschreibt. Denken Sie daran: Es geht darum, ein Lebensmotto zu finden, das zu Ihnen passt. Und keine falsche Bescheidenheit. Zensieren Sie sich nicht selbst!

Einige Beispiele:

- Ich will persönlich wachsen und möchte andere Menschen beim Wachsen unterstützen.
- Der Sinn meines Lebens ist Freude in die Welt zu bringen, für mich und andere.
- Ärgere dich nicht, das Leben ist kurz.
- Es gibt kein Problem, das nicht lösbar ist.

Der Teufel an der Wand

Manchmal können Sie sich auch motivieren, indem Sie sich vorstellen, was die Auswirkungen sind, wenn Sie weiter zögern, das zu tun, was jetzt ansteht.

A

Der Teufel an der Wand

Versetzen Sie sich in die Situation, in die Sie geraten werden, wenn Sie sich jetzt nicht aufraffen. Übertreiben Sie ruhig und malen Sie sich das Schlimmstmögliche aus.

Wenn Sie sich motivieren möchten, eine unangenehme Aufgabe anzugehen, überlegen Sie bitte, was passiert, wenn Sie es nicht tun. Wie fühlen Sie sich? Fragen Sie sich dann: »Will ich das?« Sie haben es in der Hand. Wenn die Vorstellung abschreckend genug ist, dann haben Sie einen guten Impuls loszulegen.

Ein Vertrag mit sich selbst

Sie kennen das aus dem Wirtschaftsleben oder der Politik: Bloße Absichtserklärungen sind oft nicht mehr als Sonntagsreden. Wenn wirklich etwas bewegt werden soll, dann bedarf es eines konkreten Vertrags.

Tricksen Sie Motivationskiller aus, indem Sie einen Vertrag mit sich selbst schließen. Und zwar schriftlich und mit klaren Vertragsbedingungen. So, wie Sie einen Vertrag mit Fremden schließen würden.

Wie sollte so ein Vertrag aussehen?

Ein Vertrag mit sich selbst

Beachten Sie beim Vertrag mit sich selbst die folgenden Punkte:

- Zeitliches: Beginn und Dauer des Vertrags. Innerhalb welcher Frist muss was geleistet werden?
- Inhalt: Klare Definition der zu erledigenden Aufgaben. Versuchen Sie, keinen Aspekt zu vergessen.
- Ziel: Was soll mit der Unterzeichnung erreicht werden?
- Vergütung: Wie belohnen Sie sich beim Erreichen von Vertragszielen?
- Vertragsstrafen: Welche Vertragsstrafen sind bei Nichterfüllung vereinbart?

Tipp: Vereinbaren Sie keine Probezeit!
Das verführt zum Aufgeben!

Belohnungen

Wenn am Ende einer Arbeit oder Tätigkeit eine Belohnung winkt, dann geht oft vieles einfacher. Wenn keine Belohnung, kein Lob oder keine Anerkennung von außen kommt, müssen Sie Ihre Leistungen eben selbst honorieren. Und das sollten Sie auch: Gönnen Sie sich doch am Ende Ihrer Arbeit eine Belohnung!

Belohnungen

Bei größeren Projekten sollten Sie für sich passende Teilziele oder Meilensteine setzen, nach deren Erreichen Sie sich belohnen. Eine Hilfe, um die Meilensteine auch nicht zu verpassen: Strichlisten führen und z.B. die Anzahl der erledigten Anrufe dokumentieren, To-Do-Listen führen und abhaken.

Belohnungen sollten verhältnismäßig sein:

- Nicht zu groß, also keine Weltreise für eine gelungene Präsentation vor Kollegen.
- Nicht zu klein, also nicht nur einen Schokoriegel für 50 Vertragsabschlüsse.
- Nicht kontraproduktiv, also kein opulentes Mahl nach einer erfolgreichen Diät.

Tipp: Feiern Sie eine bewältigte Aufgabe, die unangenehm oder schwierig war. Gönnen Sie sich etwas!

Die erste Etappe

Jeder auch noch so lange Weg beginnt mit einem ersten Schritt. Und der muss irgendwann gemacht werden. Selbst die schlauesten Pläne nützen Ihnen nichts, wenn sie in der Schublade liegen bleiben.

Die erste Etappe ist die Wichtigste. Danach läuft oft vieles leichter.

Wie gehen Sie vor?

Die erste Etappe

Lassen Sie die Siebenmeilenstiefel für den Anfang ruhig noch im Schrank. Teilen Sie Ihr Vorhaben lieber in kleine, leicht zu bewältigende Häppchen ein.

Sehen Sie den ersten Schritt als eine Art »Warm-Up« für komplexere Aufgaben.

Es ist z.B. einfacher, erst einmal die eingegangene Post zu bearbeiten, als gleich sämtliche Unterlagen ordnen zu wollen. Es hilft auch, sich eine »Landkarte« der vor Ihnen liegenden Aufgaben zu zeichnen. Machen Sie eine Liste aller Teilaspekte der Aufgabe, versuchen Sie, nichts zu vergessen. Dann können Sie beginnen, die Liste Schritt für Schritt abzuarbeiten.

Konzentration

Sie haben mehrere Projekte gleichzeitig am Laufen, zwischen denen Sie hin und herwechseln. Wenn Sie die Abwechslung lieben, dann ist das gut so. Doch durch »Multi-Tasking« laufen Sie Gefahr, sich zu verzetteln.

Was können Sie dagegen tun?

Konzentration

Nutzen Sie To-Do-Listen! Natürlich lassen sich auch mehrere Aufgaben gleichzeitig machen oder kombinieren. Doch komplexere oder wichtigere Aufgaben, also solche, die auf Ihrer Prioritätenliste ganz oben stehen, bedürfen Ihrer vollen Aufmerksamkeit und Konzentration. Teilen Sie die Aufgaben in überschaubare Einzelschritte ein.

Der Lohn: Sie genießen ein Gefühl von Kontrolle und Souveränität und müssen nicht an mehreren Orten gleichzeitig sein. Auch die Qualität Ihrer Arbeit wird dadurch zunehmen und Sie werden mehr Anerkennung dafür erhalten.

Vorbilder

Manchmal können wir uns ganz einfach motivieren, indem wir uns an Vorbildern oder Idolen orientieren.

Ein Idol muss kein Star, keine Berühmtheit sein, sondern es kann auch jemand sein, den Sie einfach für etwas bewundern.

Wie kann diese Person Ihnen helfen, mehr Motivation für eine Sache zu zeigen?

Vorbilder

Wenn Sie nicht voller Elan eine Sache angehen, dann überlegen Sie: Was würde mein Vorbild in dieser Situation tun? Wenn Sie sich ein Beispiel an einem Sportler nehmen, der immer wieder aufsteht, weitermacht und dann gewinnt, können Sie sich selbst besser motivieren »dranzubleiben«. Und möchten Sie nicht jetzt die Chance nutzen und sich Ihrem Idol annähern?

Eine weitere Möglichkeit, Vorbilder zu nutzen: Überlegen Sie, was Ihr Vorbild zu Ihnen als Mentor, als ein wohlwollender Begleiter sagen würde. Diese Überlegung ist besonders in scheinbar ausweglosen Situationen hilfreich.

Positives Denken

Es sind oft auch die eigenen Gedanken, die über Erfolg und Misserfolg und somit auch über die Motivation entscheiden.

Die Welt, in der wir leben und mit der wir uns auseinandersetzen müssen, entsteht zum größten Teil in unserem Kopf.

Sie selbst können also über negative und positive Gedanken entscheiden. Wenn Sie sich beim Negativdenken ertappen, ziehen Sie sofort die Gedankenbremse und rufen Sie sich positive Aspekte ins Gedächtnis.

Positives Denken

Wer eine Aufgabe schon mit negativen Gedanken wie »Das wird sowieso nichts, mir graut davor« beginnt, erhöht die Wahrscheinlichkeit, dass tatsächlich vieles schlecht verlaufen wird. Die einzige, fragwürdige Befriedigung am Ende ist, recht gehabt zu haben: »Habe ich mir doch gleich gedacht!« – Genau dieser Effekt der »selbsterfüllenden Prophezeiung« lässt sich auch umkehren.

Gehen Sie mit der Einstellung ans Werk, dass Sie hervorragend vorankommen, die Arbeit Spaß macht und sogar noch unerwartet günstige Bedingungen eintreten. Beschwören Sie das gute Gefühl herauf, das sich einstellt, wenn eine Arbeit Ihnen leicht von der Hand geht.

Körperhaltung

Überlegen Sie: Welche Körperhaltung nehmen Sie ein, wenn Sie unmotiviert sind? Ist es eine gebückte Haltung? Ist der Blick auf den Boden gerichtet? Oder anders: Wie fühlt sich Ihr Körper an, wenn Sie Spaß an etwas haben oder Sie stolz auf Geleistetes sind?

Erinnerung wird nicht etwa nur im Geist gespeichert, sondern im ganzen Körper. So ist es möglich, positive Gefühle abzurufen, indem Sie Ihre Körperhaltung entsprechend anpassen.

Wie können Sie Ihre Körperhaltung nutzen, um sich zu motivieren?

Körperhaltung

Wenn Sie eine Sache voller Elan angehen möchten, dann können Sie sich diesen Mechanismus zunutze machen – geben Sie sich einen Ruck und nehmen Sie eine aufrechte Haltung ein. Atmen Sie tief durch und richten Sie den Blick auf einen imaginären Horizont. Auch wenn es zu Beginn schwer fällt (weil Sie noch nicht motiviert sind), achten Sie auf folgende Punkte, die Ihnen den Weg zu mehr Motivation bereiten.

Folgende Verhaltensweisen können helfen:

- Blick nach oben statt nach unten.
- Aufrechte Haltung statt gebückt.
- Tiefe Bauchatmung statt flache Atmung.
- Spannung im Körper statt schlaffes Herumstehen.

Lächeln

Ein Lächeln kann aufmuntern. Sich selbst und andere. Wenn Sie lustlos und unmotiviert sind, dann werden auch Ihre Mundwinkel nach unten zeigen. Nutzen Sie die Lächelübung! Probieren Sie es doch einfach aus und lächeln Sie. Sie werden sehen, dass sich ein anfänglich gequältes Grinsen schnell in ein echtes Lächeln wandeln wird.

Lächeln

Und so funktioniert es: Grinsen Sie mindestens 20 Sekunden. Auch wenn es Ihnen komisch vorkommen mag: Bleiben Sie dran. Sie werden entdecken, dass sich Ihre Stimmung allein durch diese kleine Übung ändert und Sie Ihre Aufgaben motivierter angehen können.

Der Hintergrund: Durch die hochgezogenen Mundwinkel werden positive »Körpererinnerungen« geweckt.

Ein Lächeln wirkt sich übrigens auch auf Ihre Mitmenschen aus. Wenn Sie andere Menschen anlächeln, dann kommt oft ein Lächeln zurück.

Prokrastination

»Was du heute kannst besorgen…« – wie oft haben Sie sich diesen Satz schon anhören müssen? Sich Aufgaben zu stellen oder Ziele zu setzen ist das Eine, sie in die Tat umzusetzen das Andere. Wer Dinge bis »kurz vor zwölf« vor sich herschiebt, leidet an Prokrastination. Das ist keine Krankheit, sondern das häufig auftretende Verhaltensmuster, zu zögern, wenn es um die Erledigung unangenehmer Aufgaben geht. Ein Verhalten, das Energie raubt.

Was steckt hinter diesem Verhalten?

A

Prokrastination

Hinter diesem Verhalten steckt häufig die Versagensangst. Meist sind es die ungeliebten Aufgaben, die »liegen bleiben«. Das Problem: Das Aufschieben schafft die Aufgabe nicht aus der Welt. Im Gegenteil: Oft zieht die Verzögerung noch mehr unangenehme Arbeit nach sich.

Ein Beispiel: Sie müssten längst mit der Angebotserstellung begonnen haben. Trotzdem finden Sie etliche Dinge, die Sie vorher noch erledigen können. Egal, ob es die Nachbereitung der Schulung oder das Lesen eines Fachbuchs ist – alles scheint besser als das, was ansteht. Doch der Druck wird durch das Aufschieben nur noch größer als vorher.

Tipp: Machen Sie sich das Verhaltensmuster bewusst und belohnen Sie sich, wenn Sie es aufbrechen.

Verantwortung übernehmen

Ob Sie als Trauzeuge einen Junggesellenabschied planen, oder beim Branchentreff eine Präsentation über Ihre Firma halten – im Job wie im Privatleben übernehmen Sie immer wieder Verantwortung. Der Lohn: Sie können Einfluss nehmen und selbstbestimmt handeln.

Doch was hat das mit Selbstmotivation zu tun?

Verantwortung übernehmen

Wenn wir keinen persönlichen Bezug zu der uns gestellten Aufgabe haben, fällt es uns schwer, uns mit ihr zu identifizieren. Das ändert sich erst, wenn wir Verantwortung übernehmen und uns verantwortlich fühlen. Verantwortung ist dabei keine Last, im Gegenteil: Sie gibt uns Entscheidungsfreiheit und Selbstbestimmung. Wir reagieren nicht – wir agieren. Wir bringen unsere Persönlichkeit und Wünsche ein – Faktoren, welche die Motivation und damit die Freude an der Arbeit steigern.

Wenn sich also die Gelegenheit ergibt: Greifen Sie zu! Bieten Sie auch von sich aus an, Verantwortung für ein Projekt oder einen Arbeitsbereich zu übernehmen.

Perfektionismus

Perfektionisten streben eine 100%-Lösung an. Allerdings genügt oft eine 80%-Lösung, die Sie mit nur 20% des Aufwands erreichen. (Pareto-Prinzip)

Warum ist Perfektionismus nur bedingt hilfreich?

Perfektionismus

Auf den ersten Blick scheint es zwar so, als würde das Streben nach Perfektion ein gut funktionierender Antrieb sein. Auf den zweiten Blick offenbart sich allerdings, dass gerade Menschen mit einem Hang zum Perfektionismus oft unzufrieden sind, da sie das hohe Ziel, das sie anstreben, selten erreichen. Oft fangen Perfektionisten Arbeiten gar nicht an, weil sie wissen, dass sie diese nicht perfekt machen können. Und: Perfektionisten versuchen auch in unwesentlichen Dingen, perfekt zu sein. Eine reine Zeitverschwendung.

Achten Sie darauf, zu prüfen ob die Aufgabe auch wirklich perfekt erledigt werden muss!

Tipp: Lieber unperfekt begonnen, als perfekt gezögert.

Was Sie können!

Jeder Mensch hat Stärken und Schwächen. Wer jedoch stets nur versucht, seine Schwächen auszumerzen, hat wenig Grund zur Freude und wird an Motivation verlieren.

Wie wichtig ist der Blick auf die eigenen Stärken?

A

Was Sie können!

Selbstmotivation braucht Erfolgserlebnisse, und in den persönlichen Stärken liegt das größte Potenzial zu siegen. Deshalb ist es wichtig, nicht nur – wie so häufig üblich – die eigenen Schwächen im Blick zu haben, sondern sich auch auf die eigenen Stärken zu besinnen und diese auszubauen.

Wenn Sie versuchen, Ihre Schwächen auszubessern, werden Sie meist nur Mittelmaß erreichen. Wenn Sie sich jedoch auf Ihre Stärken fokussieren, dann haben Sie die Möglichkeit, als Experte zu glänzen.

Grundsatz:
Stärken stärken statt Schwächen schwächen.

Tipp: Machen Sie sich bewusst, was Sie besonders gut und besser als andere können!

Nein sagen

Um Aufgaben effektiv zu erfüllen, sollten Sie Prioritäten setzen. Doch nicht selten kommt es vor, dass Ihnen jemand mit einer neuen Aufgabe einen Strich durch Ihren Plan und Ihre To-Do-Liste macht.

Ist es dann legitim, auch hin und wieder Aufgaben oder Anliegen abzulehnen und Nein zu sagen?

Wer immer nur Ja sagt, bekommt oft viel aufgebürdet. Die Folge: Innere Unruhe, Stress, Demotivation, und schließlich Burnout. Machen Sie stets deutlich, wo Ihre Grenzen liegen.

A

Nein sagen

Nein zu sagen ist nicht nur richtig, sondern auch unbedingt notwendig. Nur so ist es möglich, bereits anvisierte Ziele konsequent zu verfolgen und schließlich auch zu erreichen. Jeder Mensch hat das Recht, Aufgaben, Anliegen oder Bitten abzulehnen, wenn es ihm richtig scheint. Das gilt nicht nur für Anliegen, die andere Menschen an uns richten, sondern auch für neue Aufgaben, die wir uns selbst stellen. Nein sagen zu können, zeugt von Augenmaß und einer gesunden Selbstwahrnehmung. Natürlich müssen Sie stets auch die Konsequenzen im Hinterkopf haben, die eine Ablehnung nach sich zieht. Wenn Sie Zeit zur Entscheidungsfindung haben, wägen Sie Vor- und Nachteile einer Planänderung immer gut ab.

Tipp: Wenn Sie zu einem Anliegen Nein sagen, sagen Sie es eindeutig.

Aus Fehlern lernen

Mit Sicherheit haben Sie schon Fehler gemacht. Wie sind Sie damit umgegangen?

Aus Fehlern lernen

Wie Fehler bewertet werden, hängt von der Fehlerkultur ab. Oft werden Fehler als »böse« angesehen. Doch Fehler bringen uns weiter. Durch Fehler können wir uns weiterentwickeln.

Blick in die ferne Zukunft

Natürlich haben Sie keine Kristallkugel, mit der Sie in die Zukunft sehen können. Doch es ist wichtig, sich vorzustellen, was Sie erreichen möchten.

Wie weit denken Sie in die Zukunft? Drei Jahre? Zehn Jahre? Wenn Sie das »große Ganze« im Auge behalten, dann haben Sie es oft einfacher, als wenn Sie nur auf das nächste Wochenende oder den Feierabend hinarbeiten. Was möchten Sie erreichen? Wo und wie möchten Sie leben?

Blick in die ferne Zukunft

Stellen Sie immer wieder Zukunftsperspektiven auf, die als übergeordnete, komplexe Zielstellungen Ihrem Handeln die Richtung weisen und Ihnen über Durststrecken hinweghelfen. Je deutlicher Sie Ihre Visionen formulieren, umso konkreter sind die Schritte, die Sie aus ihnen ableiten können und umso leichter werden Sie Ihre Ziele erreichen. Eine Zukunftsvision ist wie ein Werbespot für das, was Sie erreichen möchten. Malen Sie es sich in allen Farben und Details aus. Je mehr Sie die Aufmerksamkeit auf Ihre Wünsche richten, desto motivierter werden Sie sein, das Ziel auch zu erreichen. Feuern Sie sich selbst an und sehen Sie sich selbst das Ziel erreichen.

Tipp: Berücksichtigen Sie auch die verschiedenen Lebensbereiche und bringen Sie diese miteinander in Einklang.

Wunschliste

Stellen Sie sich vor, Ihnen erscheint eine gute Fee, und Sie haben 30 Sekunden Zeit, Ihre zehn Wünsche mitzuteilen.

Wunschliste

Ganz egal, ob es sich um kleine oder große Wünsche handelt: Sie sollten zehn Wünsche sofort zur Hand haben. Denn: Je klarer Sie wissen, was Sie wollen, desto eher werden Sie es auch erreichen. Wenn Sie wissen, was Ihre Wünsche sind, dann können Sie sich auch Ziele setzen.

Testen Sie sich selbst.

30 Sekunden. Ab jetzt!

Gleichgesinnte finden

Sie kennen die Situation vielleicht: Sie sind motiviert und wollen loslegen. Was, wenn Ihnen jetzt Leute begegnen, die nicht »auf der gleichen Wellenlänge« sind? Die Sie entweder ausbremsen oder die Ihnen »vorausgaloppieren«?

Gleichgesinnte finden

Suchen Sie sich gezielt Menschen, mit denen Sie Interessen und Werte teilen. Menschen, die Ihnen helfen, sich zu motivieren, Menschen, die Sie auffangen, wenn es mal nicht klappt mit der Motivation. Wichtig: Es geht darum, zu erkennen, dass Sie nicht allein mit Ihren Bemühungen sind.

Die Frage ist: Mit wem vergleichen Sie sich?

Was Sie auf jeden Fall vermeiden sollten: Sich mit Menschen zu umgeben, die neidisch auf Ihre Motivation sind oder darauf, was Sie erreicht haben. Oder mit Menschen, die selbst unmotiviert sind und in Ihnen eine Bedrohung sehen. Neider können im Unternehmen, in der Gesellschaft oder im privaten Umfeld auftauchen.

Tipp: Finden Sie Menschen, die Ihnen Energie geben, statt Energie zu saugen!

Freunde und Networking

Eine echte Motivationsspritze können soziale Netze sein. Schaffen Sie sich ein Netzwerk von Freunden und Geschäftspartnern.

Gut gewobene Beziehungsnetze geben Sicherheit und vereinfachen das gesamte Leben.

Freunde und Networking

Finden Sie heraus, wer Ihnen im Bedarfsfall mit Rat und Tat zur Seite stehen kann und bilden Sie ein Netzwerk. Sie werden erstaunt sein, wie oft einem geholfen wird, wenn man sich nur traut, darum zu bitten. Ein weiterer Aspekt, warum es sich lohnt, persönliche Beziehungen zu pflegen: Ein Blick über den Tellerrand hinaus verhilft zu neuen Impulsen und stellt die eigene Arbeit in einen größeren Kontext. Es steigert die Motivation, anderen beizustehen. Das stärkt Ihre Position und zudem das gesamte Netzwerk.

Tipp: Zeigen Sie ganz bewusst auch Interesse an Vorgängen, die nicht vordergründig in Ihr Aufgabengebiet fallen.

Träume aufschreiben

In Träumen wird Erlebtes verarbeitet, Ängste und Wunschvorstellungen werden in Bilder und Gefühle übersetzt. Versuchen Sie, die Handlung, Umwelt, Farben und Stimmungen Ihrer Träume aufzufangen und zu deuten. Das Niederschreiben von Träumen führt dazu, sich Stück für Stück besser kennenzulernen.

A

Träume aufschreiben

Gibt es wiederkehrende Träume, negative Träume oder gar Alpträume? Dann ist es hilfreich zu klären, was diese Ihnen sagen wollen. Oft ist es nicht schwer, Hindernisse zu identifizieren, die in Träumen besonders eindringlich auftauchen und die beiseite geschafft werden sollten.

Doch viele Träume sind auch positiv: Was gefällt Ihnen an diesen Träumen? Wie können Sie daraus Kraft gewinnen? Wie können Sie diese Träume nutzen, um sich selbst zu motivieren?

Tipp: Legen Sie ein Traumtagebuch neben Ihr Bett, in das Sie Träume gleich nach dem Aufwachen notieren können.

Tagträume und Visionen

Visualisieren Sie Ihre Idealvorstellung von Ihrem Leben und Ihrer Arbeit in möglichst vielen Details. Je klarer Ihre Vision von der Zukunft ist, desto motivierter können Sie die Aufgaben, die zur Erreichung des Ziels notwendig sind, angehen.

Tagträume und Visionen

Manche Menschen haben ausgeprägte Visionen. Erstaunlich: Oft werden diese Visionen über kurz oder lang zur Realität.

Grundfragen für Visionen:

- Was gibt es zu sehen?
- Wer ist alles in der Vision präsent?
- Wo ist es?
- Wie fühle ich mich?

Eine Vision kann die Gedanken in die richtige Richtung lenken.

Schriftlichkeit

Wer schreibt, der bleibt. Egal ob es um Ziele, Wünsche, Selbsteinschätzungen oder Zielvereinbarungen geht: Machen Sie es schriftlich!

Schriftlichkeit

Schriftlich Festgehaltenes wirkt wie eine Verpflichtung, motiviert aber auch gleichzeitig. Noch besser können Sie sich motivieren, wenn Sie Ihre Ziele nicht nur schriftlich festhalten, sondern Ihre Vereinbarungen auch andere Menschen lesen lassen.

Ein Beispiel: Sie können sich vornehmen, mit dem Rauchen aufzuhören und sich sagen, dass Sie weniger rauchen werden. Schriftlich fixiert wirkt es stärker: Sie verpflichten sich. Noch stärker wirkt es, wenn Sie Ihre Verpflichtung auch anderen gegenüber bekannt machen. Die private Selbstverpflichtung wird dann durch Druck von außen unterstützt.

Pause machen

Viele können nach Beendigung der Arbeit schlecht abschalten. Selbst im Urlaub fehlt die Entspannung. Irgendwelche Aufgaben scheinen immer präsent zu sein und auf Erledigung zu warten. Lassen Sie los! Entspannung ist eine notwendige Voraussetzung, um dann Leistung bringen zu können, wenn's drauf ankommt.

Doch wie kommen Sie zur Ruhe?

Pause machen

Wenn Sie sich mit einem schlechten Gewissen eine Auszeit nehmen, dann brauchen Sie sich nicht zu wundern, dass es Ihnen an Motivation mangelt, diese Zeit auch zu genießen. Durch einfache Tricks können Sie lernen, richtig abzuschalten.

- Firmenlaptop nur bei wichtigen Projekten mit nach Hause nehmen.
- Ferien einfach mal ohne Computer
- Trennen Sie Arbeits- und Ruhezeiten strikt.
- Klare räumliche Trennung: Entspannung hier und Arbeitsplatz dort
- Im Urlaub: Geben Sie Ihrer Urlaubsvertretung konkrete Anweisungen, damit Nachfragen ausbleiben! Machen Sie eine sorgfältige Übergabe.

Tipp: Achten Sie darauf, Ihre Pausen am Arbeitstag auch zu nutzen!

Entspannungstechniken

Wer motiviert seine Aufgaben erledigen möchte, sollte regelmäßig Phasen der Ruhe und Entspannung einlegen. Regenerieren Sie sich und gehen Sie nach einer Entspannung gestärkt an die Aufgaben, die Sie sich vorgenommen haben. Doch jeder Mensch hat unterschiedliche Methoden, sich zu entspannen.

Entspannungstechniken

Sich entspannen zu können, kann man lernen wie jede andere Fähigkeit auch. Techniken und Übungen helfen, den Körper und die Seele wieder ins Gleichgewicht zu bringen. Der Vorteil dieser Techniken liegt darin, dass die meisten fast überall angewendet werden können.

Finden Sie Methoden, die Ihnen schon bei kurzen Verschnaufpausen neue Kraft geben. Einige Techniken: Entspannung mit Musik, Autogenes Training, Yoga, Motivationshörbücher, Mentaltechniken, Meditation.

Welche Methode am besten zu Ihnen passt, müssen Sie für sich selbst herausfinden. Informieren Sie sich im Buchhandel, wo Sie umfangreiche Literatur zu Entspannungstechniken finden.

Prioritäten setzen

Sie haben einen Berg von Aufgaben zu erledigen. Oft wird einfach drauflos gearbeitet. Doch die Motivation kann schnell auf der Strecke bleiben, wenn Sie beispielsweise bei einem größeren Projekt nicht weiterkommen, weil Sie sich mit der Erledigung kleinerer und unwichtigerer Aufgaben aufgehalten haben. Das Setzen von Prioritäten hilft, Aufgaben zielgerichtet zu erledigen und Demotivation vorzubeugen.

A

Prioritäten setzen

Häufig entscheiden wir uns für Aufgaben, die nicht besonders wichtig sind. Warum? Weil wir uns hier eine schnelle Befriedigung versprechen. Um für größere Aufgaben motiviert zu sein und zu bleiben, gibt es eine Möglichkeit: Prioritäten setzen.

Eine der schnellsten Möglichkeiten, Prioritäten zu setzen, funktioniert wie folgt:
Nehmen Sie sich Ihre ungeordnete Liste von Aufgaben und Zielen (auch eines größeren Aufgabenkomplexes) zur Hand und bewerten Sie die einzelnen Aufgaben. Verwenden Sie dazu eine Methode zur Kategorisierung Ihrer Wahl (verteilen Sie Buchstaben, Punkte, Sternchen etc.), um eine Gewichtung oder Rangordnung zu erhalten.

Tipp: Überprüfen Sie regelmäßig Ihre Prioritäten und ändern Sie ggf. Ihre Rangordnung.

Das SMART-Prinzip

Um motiviert loslegen zu können, brauchen Sie ein Ziel, das Sie verfolgen möchten. Doch haben Sie das Ziel auch richtig formuliert?

Dabei hilft die SMART-Methode.

Das SMART-Prinzip

Ziele sollten folgende Bedingungen erfüllen:

- **S (spezifisch)**
  Es sollte eindeutig definiert sein.
- **M (messbar)**
  Der Erfolg, das Erreichen des Ziels muss messbar sein.
- **A (angemessen)**
  Das Ziel muss erreichbar sein.
- **R (relevant)**
  Das Ziel muss für Sie einen Nutzen darstellen und Sie auch über das kurzfristige Erfolgserlebnis hinaus weiter bringen.
- **T (terminiert)**
  Das Ziel muss bis zu einem bestimmten Termin erreicht sein.

To-Do-Listen

Diese Listen haben sich vor allem als Planungsinstrumente und Gedächtnisstützen für kurz- und mittelfristige Ziele und Aufgaben bewährt. Eine To-Do-Liste ist zunächst eine Liste mit zu erledigenden Aufgaben. Diese lassen sich gliedern, zusammenfassen (z.B. als Tages- oder Wochenplan) und dann kontinuierlich abarbeiten.

Doch wie sollte eine To-Do-Liste aussehen, mit der man effizient arbeiten kann?

To-Do-Listen

So sollten Sie vorgehen:

1. Notieren Sie alle zu erledigenden Punkte. Markieren Sie die Aufgaben anschließend entsprechend ihrer Priorität. Benutzen Sie z.B. verschiedenfarbige Textmarker.
2. Wenn Sie die Punkte schließlich in der Reihenfolge Ihrer Wichtigkeit und Dringlichkeit aufschreiben, haben Sie einen übersichtlichen »Arbeitsplan«.
3. Ordnen Sie den Aufgaben einen realistischen Zeitaufwand zu. Planen Sie auch Zeit für Pausen, Freizeit und unvorhergesehene Entwicklungen ein.

Sie können auch elektronische To-Do-Listen anlegen, aber unterschätzen Sie nicht das positive Gefühl des Abhakens mit der Hand.

Tipp: Sammeln Sie zeitaufwendige Aufgaben ohne besondere Dringlichkeit auf einer separaten Langzeitliste.

Ein Brief an sich selbst

Sie sind bereit, die Aufgabe in Angriff zu nehmen? Wunderbar! Eine schöne Möglichkeit, die Motivation auch während einer längeren Arbeitsphase aufrecht zu halten, besteht darin, sich selbst einen Brief zu schreiben.

Ein Brief an sich selbst

Lassen Sie sich selbst Unterstützung und Zuspruch zukommen. Wenn Sie gleich zu Beginn eines Vorhabens einen Brief an sich selbst schreiben, dann haben Sie einen Notanker, wenn Schwierigkeiten auftauchen oder es Ihnen an Motivation fehlt. Schreiben Sie einige Zeilen wie an einen guten Freund. Ermuntern Sie sich zum Dranbleiben, schreiben Sie vom kurzen Innehalten, sprechen Sie an, dass es manchmal nicht so leicht ist, dranzubleiben. Wenn Sie den Brief dann einige Zeit später lesen, kann dies ein schöner Motivationsimpuls sein.

Tipp: Beauftragen Sie Freunde oder Kollegen damit, Ihnen den Brief nach einer bestimmten Zeit per Post zukommen zu lassen.

Die Aufgaben verkaufen

Oft sehen wir nur die unangenehmen Seiten einer Pflicht oder einer Aufgabe. Einen Blick auf die positiven Aspekte können Sie gewinnen, indem Sie überlegen, wie Sie andere Menschen dazu motivieren würden, Ihre Aufgabe für Sie zu erledigen.

Die Aufgaben verkaufen

Stellen Sie sich vor, Sie möchten für Ihre Aufgabe eine Vertretung finden oder Sie müssten die Tätigkeit, die Sie erledigen sollen, jemand anderem schmackhaft machen. Welche Vorteile würden Sie hervorheben, welche Nutzenargumente ansprechen? Finden Sie zehn Gründe, die für Ihre Aufgabe sprechen.

Vielleicht kennen Sie die Geschichte vom Zaunstreichen aus »Die Abenteuer des Tom Sawyer«. Zur Strafe muss Tom einen Zaun streichen. Er schafft es jedoch, die Aufgabe seinen Freunden so schmackhaft zu machen, dass diese es als Ehre ansehen, den Zaun für ihn streichen zu dürfen.

Sich wertschätzen

Sie können sich motivieren, indem Sie sich selbst etwas Nettes sagen.

Wie funktioniert das?

Sich wertschätzen

Im Alltag sehen wir oft nur die anstehenden Aufgaben, die sich wie ein Berg vor uns auftürmen. Wir verlieren dabei uns selbst und die Tatsache, das wir nicht wie Roboter funktionieren, aus dem Blick.

Bei diesem Tipp zur Selbstmotivation geht es nicht um Sachlichkeit, sondern um Gefühle. Sagen Sie sich selbst jeden Tag einmal etwas Nettes. Das kann so etwas sein wie »Ich habe die letzte Aufgabe wirklich gut geschafft«, »Ich bin schon ein kreativer Typ.« oder »Auf mich ist Verlass.« Nur wer sich selbst anerkennt, kann auch anderen ein guter Kollege sein.

Motivation durch Karten

Eine schöne Möglichkeit, die Motivation über den Tag zu erhalten, ist es, kleine Karten mit einem motivierenden Gedanken im Blickfeld zu haben.

A

Motivation durch Karten

Manchmal bedarf es nicht vieler Worte. Notieren Sie einfach auf ein kleines Kärtchen einen Gedanken oder ein Ziel, das Sie sich gesetzt haben. Platzieren Sie verschiedene Kärtchen an verschiedenen Orten: am Spiegel, am Telefon, am Computer, im Auto. So werden Sie immer wieder an die Dinge erinnert, die Sie motivieren!

Einige Beispiele:

- Ich suche mir jeden Tag ein Erfolgserlebnis.
- Das mache ich mit links.
- Springe über Deinen eigenen Schatten!
- Auf geht's!
- Ich schaffe das.
- Ich lerne jeden Tag etwas dazu.

Schicksal und Ausreden

Gehören Sie zu den Menschen, die glauben, dass Erfolg eher mit Glück oder Zufall als mit eigener Leistung zu tun hat? Falls ja, sitzen Sie in einer Falle. Sich zu motivieren, wenn man nicht daran glaubt, sein Leben in der Hand zu haben, ist ein Ding der Unmöglichkeit. Machen Sie sich hingegen bewusst, dass Sie selbst es sind, der die Verhältnisse bestimmt.

Wenn Sie daran glauben, etwas selbst verändern zu können, dann sind Sie motivierter.

Schicksal und Ausreden

Ausreden finden sich viele: der Staat, der ungerechte Gesetze erlässt, das Elternhaus, das einen mit schlechten Voraussetzungen an den Start schickte, die lahmende Wirtschaft, die unfairen Methoden der Konkurrenz.

Es ist zwar bequem, andere für die eigene Misere verantwortlich zu machen, doch weiterbringen wird es Sie nicht. Machen Sie sich nicht zum Spielball des Schicksals, sondern glauben Sie daran, selbst etwas verändern zu können. Dadurch motivieren Sie sich.

Reflektieren

Wenn Sie in einen demotivierten oder antriebslosen Zustand geraten, dann nutzen Sie die Möglichkeit der Reflektion und versuchen Sie, sich und die Situation von außen zu betrachten.

Wie funktioniert das?

Reflektieren

Betrachten Sie sich von außen. Schlüpfen Sie in die Rolle des Beobachters, der von außen einen Blick auf Sie wirft, während Sie z.B. am Schreibtisch sitzen, um eine Aufgabe zu bewältigen. Was sehen Sie? Was denken Sie über die Person, die Sie sehen? Was für einen Rat würden Sie sich geben, der Sie ermutigt, weiterzumachen?

Was würden Sie als Chef sagen, was als guter Freund, als Kollege oder Nachbar? Und auch: Welchen Rat würden diese Personen geben?

Selbsteinschätzung

Eigene Stärken und Schwächen zu benennen und einzuschätzen, hilft bei der Formulierung und Priorisierung Ihrer Ziele. Mit der Zeit werden Sie lernen, sich immer realistischer einzuschätzen.

Anhand einiger Fragen (und den dazugehörigen ehrlichen Antworten) sollten Sie in der Lage sein, sich selbst realistisch einzuschätzen.

Selbsteinschätzung

Eine realistische Selbsteinschätzung ist wichtig, um zu erkennen, welchen Aufgaben man gewachsen ist. Denn nur, wenn Sie nicht überfordert sind, können Sie motiviert bleiben. Überlegen Sie sich Fragen und beantworten Sie diese ehrlich. Dadurch erhalten Sie gute Anhaltspunkte für Ihren weiteren Weg.

Beispiele könnten sein:

- Wie gehe ich mit meiner Gesundheit um?
- Habe ich bis heute alles erreicht, was ich mir vorgenommen habe?
- Komme ich meinen persönlichen und beruflichen Zielen immer näher?
- Kann ich abends gut abschalten?
- Schiebe ich Aufgaben vor mir her?
- Wie gehe ich mit Kritik und Konflikten um?

Ziele formulieren und prüfen

Ein altes Sprichwort bringt es auf den Punkt: »Wer den Hafen nicht kennt, für den ist kein Wind der richtige«. Ziele weisen uns den Weg und sind ein wichtiger Faktor für unsere Selbstmotivation. Denn: Ziele haben eine starke Anziehungskraft und sind ein starker Motivationsfaktor.

Doch wie sollten Ziele beschaffen sein?

Ziele formulieren und prüfen

Ihre Ziele sollten vor allem realistisch sein. Schränken Sie sich jedoch nicht zu sehr ein, sondern setzen Sie sich Ziele, an denen Sie wachsen können.

Die folgenden Fragen helfen Ihnen, Ihre Ziele möglichst klar und eindeutig zu definieren.

- Schwierigkeitsgrad: Ist die Verwirklichung »einfach« oder »schwierig«?
- Dauer: Ist das Ziel kurzfristig erreichbar oder eher langfristig?
- Hilfe: Ist das Ziel in Eigenleistung erreichbar oder wird Hilfe benötigt?
- Etappen: Ist es sinnvoll, den Weg zum Ziel in Etappen zu gliedern?
- Bedeutung: Wie wichtig ist Ihnen das Ziel wirklich?

Konkurrenz

Empfinden Sie Teamwork eher als Belastung oder sind Sie gerne Teil eines produktiven Ganzen? Machen andere, die die gleiche Aufgabe haben, Sie nervös? Dies sind entscheidende Fragen, denn Sie geben Aufschluss darüber, ob Sie sich durch andere angespornt, unter Druck gesetzt oder unterstützt fühlen.

Welche Auswirkung hat das auf die Selbstmotivation?

Konkurrenz

Ein gesunder Wettbewerb ist für manche ein probates Mittel, um neue Impulse für die eigene Motivation zu erhalten. Konkurrenten können neue Anregungen für die eigene Arbeit geben. Man kann sich an Ihnen messen, alternative Herangehensweisen oder auch Fehler beobachten. Sie dienen als Antrieb für die eigene Weiterentwicklung.

Konkurrenzkämpfe dürfen ruhig mit harten Bandagen ausgetragen werden, doch bleiben Sie dabei unbedingt fair! So wird man Sie respektieren und Sie werden auch zu Ihren Wettbewerbern ein gutes Verhältnis aufbauen.

Positives Feedback

Die Rückmeldung (Feedback) ist ein wesentliches Element unserer Kommunikation mit anderen Menschen zur Optimierung von Verhaltensmustern. Natürlich betrifft das die Arbeitswelt in besonderem Maße. Positive Rückmeldungen sind uns am liebsten, denn Sie sind eine Bestätigung unserer Leistungen. Als Quelle der Motivation können wir eigentlich nie genug positives Feedback bekommen.

Wie gelangen Sie zu mehr positivem Feedback?

Positives Feedback

So erhalten Sie mehr positives Feedback:

- Wissen die anderen überhaupt, was ich geleistet habe?
- Ist erkennbar, wie viel Arbeit hinter dem Ergebnis steckt?
- Bin ich in der Darstellung meiner Leistungen zu bescheiden?
- Gebe ich auch zu, wenn mir etwas Mühe gemacht hat?
- Traue ich mich, meine Vorgesetzten darauf anzusprechen, wenn ich finde, zu wenig positives Feedback zu bekommen?

Wenn Sie etwas geleistet haben, ist es mehr als nur legitim, darüber auch zu reden. Zeigen Sie, was Sie können und freuen Sie sich über Anerkennung, das steigert Ihr Selbstvertrauen.

Termindruck

Je näher Sie einem Termin kommen, desto größer wird der Druck. Am Anfang ist er kaum wahrnehmbar, am Ende kaum auszuhalten. Mal sind Sie Entscheidungen anderer ausgesetzt, die diesen Termindruck erst entstehen lassen, mal sind Sie selbst dafür verantwortlich.

Doch: Ist Termindruck nur negativ behaftet?

A

Termindruck

Finden Sie heraus, wie Sie Druck empfinden und damit umgehen.

- **Typ A:** Je größer der Zeitdruck, desto blockierter fühlen Sie sich. Ihr Arbeitstempo nimmt ab, Ihre Fehlerquote hingegen zu.
- **Typ B:** Sie laufen zur Höchstform auf, je näher der Termin rückt.

Termindruck kann also je nach Typ motivierend oder demotivierend sein. Lernen Sie mit dem Druck umzugehen und ihn für sich arbeiten zu lassen und so auch resistenter gegen die negativen Auswirkungen dieser Stressquelle zu werden. Denken Sie daran: Ihre Art mit Termindruck umzugehen, muss für Kollegen nicht genauso gelten.

Tipp: Wenn Sie unter Stress besser arbeiten, dann schaffen Sie Zeitdruck, indem Sie die »Deadline« vorverlegen.

Fortschritt überprüfen

Haben Sie erst einmal eine To-Do-Liste oder einen Jahresplan erstellt, lässt sich der Fortschritt leicht überprüfen. Sie stellen gewissermaßen einen Soll-Ist-Vergleich an, der für den weiteren Verlauf, vor allem der längerfristigen Projekte, von großer Wichtigkeit ist.

Es sollte sich schnell herausstellen, ob Ihre Zielsetzung unterfordernd, realistisch oder überfordernd ist. Und: Denken Sie daran, sich bei Fortschritten zu belohnen.

Was sollten Sie beachten?

Fortschritt überprüfen

Vergleichen Sie immer wieder die täglichen oder wöchentlichen Arbeitsergebnisse mit den mittel- und langfristigen Planzielen und ziehen Sie daraus Ihre Konsequenzen:

- **Soll übererfüllt:** Aufgabe eventuell erweitern, komplexer oder schwieriger gestalten.
- **Soll erfüllt:** Ziele sind realistisch formuliert und werden beibehalten.
- **Soll nicht erfüllt:** Ziele sind möglicherweise unrealistisch. Analysieren Sie, warum die Ziele nicht erreicht wurden und ändern Sie eventuell die Zielsetzung.
- **Soll bei weitem nicht erfüllt:** Ziele sind sehr wahrscheinlich unrealistisch. Möglicherweise ist eine Streichung der Zielsetzung angebracht.

Erstellen Sie eine Erfolgsliste

Eine schöne Möglichkeit, die Selbstmotivation zu steigern besteht darin, sich die eigenen Erfolge bewusst zu machen.

Was waren Ihre größten Erfolge? Was können Sie alles?

Erstellen Sie eine Erfolgsliste

Erstellen Sie eine Liste, bei der Sie Ihre Erfolge in verschiedene Bereiche einteilen:

- Umwelt (Was habe ich?)
  Beispiel: »Ich habe viele Freunde, mit denen ich mich austauschen kann.«
- Verhalten (Was tue ich?)
  Beispiel: »Ich engagiere mich im Unternehmen für die Azubiförderung.«
- Fähigkeiten (Was kann ich?)
  Beispiel: »Ich kann an Aufgaben dranbleiben.«
- Glaube (Woran glaube ich?)
  Beispiel: »Ich glaube, dass jeder sich verbessern kann.«
- Identität (Wer bin ich?)
  Beispiel: »Ich bin ein Kämpfer.«

Konstruktives Denken

Schwierigkeiten oder Konflikte bringen uns manchmal dazu aufzugeben. Doch anstatt beim Auftauchen von Problemen den Rückzug anzutreten, beschreibt das konstruktive Denken eine Methode, wie man sich diesen Dingen stellt und sie zu nutzen lernt.

Wie funktioniert das?

Konstruktives Denken

Konstruktives Denken ist lösungsorientiert. Dabei steht das erreichbare Ergebnis im Fokus, nicht die möglichen Probleme auf dem Weg dorthin. Diese werden jedoch nicht einfach ignoriert, sondern im Sinne des Ergebnisses wird nach einer Lösung gesucht. Wer konstruktiv denkt, sieht das Positive an Herausforderungen, am Arbeitsprozess und am Ergebnis. Negative Erfahrungen werden genutzt, um daraus zu lernen, Probleme als Herausforderungen begriffen. Fehler werden akzeptiert, um es beim nächsten Mal besser zu machen.

Achtung: Konstruktives Denken heißt nicht, alles durch die rosarote Brille zu sehen!

Wollen, Können, Dürfen

Für eine erfolgreiche Motivation ist es wichtig, dass Sie nicht nur »wollen«, sondern auch »können« und »dürfen«.

Was bedeutet dies?

Wollen, Können, Dürfen

- **Können:**
  Richtig motiviert ist man, wenn man etwas besonders gut kann. Sorgen Sie dafür, dass Sie Ihre Fähigkeiten steigern. Lernen Sie dazu, interessieren Sie sich dafür. Bleiben Sie dran.
- **Wollen:**
  Werden Sie sich über Ihre Wünsche und Ziele bewusst. Was wollen Sie?
- **Dürfen:**
  Erlauben Sie sich, Erfolg zu haben oder bremsen Sie sich selbst aus?

Salami-Taktik

Scheibchen für Scheibchen: So bleiben Sie motiviert und werden nicht durch eine große Aufgabe erschlagen. Boxer denken nicht an das ganze Match, sondern an den nächsten Schlag. Fußballspieler denken an die Torchance, die sich im Moment bietet und nicht an den Auf- oder Abstieg des Vereins.

Salami-Taktik

Überlegen Sie, wie Sie eine größere Aufgabe in kleine Häppchen aufteilen können.

- **Telemarketing:** Denken Sie nicht an die 130 anstehenden Verkaufsgespräche, sondern teilen Sie Ihr Arbeitspensum in Häppchen mit jeweils 20 Anrufen auf.
- **Größeres Projekt:** Denken Sie nicht an die gesamte Projektdauer, sondern setzen Sie sich Meilensteine. Übrigens: Erreichte Meilensteine sollten Sie feiern!
- **Büro aufräumen:** Nicht das ganze Zimmer, sondern Fach für Fach.

Tipp: Eine Aufgabe nach der anderen, nicht das große Ganze. Also: »leichte Häppchen« statt »große Brocken«.

Erfolge analysieren

Es ist wichtig, erkennen zu können, dass man Erfolg hatte bzw. etwas Besonderes erreicht hat. Denn dann ist es an der Zeit, sich selbst zu loben und zu belohnen. Wenn man sich über Erfolge nicht klar wird, ist es schwierig, seine Ziele zu verwirklichen und seine Arbeitsweisen zu überprüfen.

Was sollten Sie neben der Belohnung noch tun, wenn Sie Erfolg hatten?

Erfolge analysieren

Erfolge haben oftmals viele Väter. Sie sollten das erreichte Ziel und den Weg dorthin nach folgenden Kriterien analysieren:

- Haben mir andere geholfen, mein Ziel zu verwirklichen oder habe ich es ganz alleine geschafft?
- Habe ich mich zwischenzeitlich vom Ziel abbringen lassen?
- Hätte ich das Ziel schon früher erreichen können?
- War der Erfolg den Aufwand wert?
- Musste ich hart arbeiten oder ist es mir leicht gefallen, das Ziel zu erreichen?

Diese Analyse sollte in Ihre weiteren oder neuen Planungen mit einfließen.

Destruktives Denken

»Das war wirklich gut, aber...« – Vielen Menschen fällt es schwer, eine positive Aussage ohne Einschränkungen zu treffen. Oft wird noch eine relativierende Formulierung angehängt oder zumindest gedanklich hinterhergeschoben. Andere wiederum nutzen bei der Beschreibung ihrer Situation oder ihrer Aufgaben Wörter, die negative Anklänge haben (Misserfolg, Enttäuschung etc.).

Was ist der Grund für diese Verhaltensweisen?

Destruktives Denken

Zweifel, Skepsis, manchmal auch falsche Bescheidenheit sind mögliche Ursachen dafür. Anstatt uns über das Gute zu freuen, erwarten wir das Schlechte oder heben etwaige Unzulänglichkeiten hervor. Motivierend ist das ganz sicher nicht. Im schlimmsten Fall reden destruktives Denken und negative Wortwahl Missstände geradezu herbei und provozieren Fehlschläge. Betrachten Sie die Dinge positiv! Selbst ein Wort wie Stress kann positiv verstanden werden. Auch der Misserfolg tut gut, um z.B. zurück »auf den Boden der Tatsachen« zu kommen. Enttäuschungen sind ein Wegweiser für Verbesserungen. Und schon haben diese Wörter eine nicht mehr ganz so demotivierende Wirkung.

Tipp: Lassen Sie positive Aussagen einfach einmal stehen – ganz ohne Einschränkungen.

Werte

Um Ziele zu setzen, sollten Sie Ihre Werte kennen. Ziele sind nur dann verfolgbar, wenn sie mit Werten in Zusammenhang stehen. Ziele, die Ihren Werten entgegenstehen, werden Sie letztlich nicht erreichen wollen. Prüfen Sie, welche Werte Ihnen wichtig sind.

A

Werte

Werte können gesellschaftlich (Meinungsfreiheit), persönlich (Vertrauen), materiell (Eigentum), geistig (Weisheit), religiös oder sittlich sein.

Überlegen Sie:
Welche Werte sind Ihnen wichtig? Freundschaft, Liebe, Gerechtigkeit, Lust, Glück, Wohlbehagen, Schönheit, Harmonie, Pflichterfüllung, Disziplin, Freiheit, Respekt, Gesundheit, Familie, Meinungsfreiheit.

Überlegen Sie:
Ist es z.B. wichtiger, Erfolg zu haben oder geht die Familie vor? Motiviert sind Sie dann besonders, wenn Ihre Werte mit dem, was Sie tun, in Einklang stehen.

Blick zurück

Was möchten Sie in einem Tag, einem Jahr, zehn Jahren sagen, wenn Sie auf die Situation heute zurückblicken?

Blick zurück

1 Tag:

1 Jahr:

10 Jahre:

Aus Rückschlägen lernen

Rückschläge und Misserfolge haben oft erhebliche Auswirkung auf die Motivation. Im Normalfall fällt dieser Rückschlag auch anderen auf, sei es im Beruf oder im Privatleben. Ein geplatzter Deal trotz intensiver Vorbereitung kann sich ebenso demotivierend auswirken wie die Lieblingshose, in die Sie immer noch nicht wieder hineinpassen.

Wie gehen Sie am besten mit Rückschlägen um?

Aus Rückschlägen lernen

Hadern Sie nicht mit Ihrem Misserfolg, übernehmen Sie lieber die Verantwortung! Stehen Sie zu Ihren Fehlern und suchen Sie nach Lösungen. So nutzen Sie Rückschläge als Motivation, um etwas zu verändern, sich zu verbessern und zukünftig wieder Erfolge zu erzielen.

Beispiel: Sie haben viel Zeit in die Überzeugungsarbeit eines potentiellen Kunden gesteckt. Trotzdem ist die Entscheidung für die Konkurrenz gefallen. Wollen Sie die Kundenakquise zukünftig immer anderen überlassen? – Wohl kaum.

Motivieren Sie sich, indem Sie sich Ihre Teilerfolge ansehen und starten Sie einen neuen Anlauf!

Tipp: Überlegen Sie, ob es sich um einen echten Misserfolg gehandelt hat. War Ihr Ziel vielleicht unrealistisch?

Der Bilanztag

Sie erhalten Ihre Motivation aufrecht, indem Sie regelmäßig Bilanz ziehen. Das kann sogar zu einem festgelegten Termin passieren, beispielsweise immer am Wochenende.

Wie gehen Sie vor?

Der Bilanztag

Wenn Sie sich regelmäßig Zeit nehmen, um aufzuschreiben, was Sie erreicht haben, dann nehmen Sie Ihre Erfolge bewusster wahr und sind sich im Klaren darüber, was Sie wirklich geschafft haben.

Eine Zwischenbilanz hilft Ihnen auch, noch vor dem jeweiligen Bilanztag ein Gefühl dafür zu bekommen, was erreicht wurde und was nicht.

Geben Sie nicht auf!

Manchmal kann ein Misserfolg demotivieren. Aber wie schnell geben Sie auf? Sicherlich kennen Sie die Geschichte von Thomas A. Edison, der mehr als zweitausend Versuche unternommen hat, bevor er eine funktionierende Glühbirne erfand.

Wie kann man sich bei so vielen gescheiterten Versuchen motivieren?

Geben Sie nicht auf!

Edison sah nicht den Misserfolg, sondern machte sich bewusst, dass es ein Prozess von vielen einzelnen kleinen Schritten war. Jeder Schritt gab ihm Rückmeldung, wie es nicht funktioniert. Immer wieder dranbleiben. Hartnäckigkeit führt oft zum Erfolg, kann aber auch Verbitterung hervorrufen.

Einflüsterungen erkennen

Manchmal demotivieren wir uns durch eine innere negative Programmierung. Das kann soweit gehen, dass wir uns regelrecht selbst sabotieren. Legen Sie diese Programmierung offen! Innere Programme (eine innere Selbstsuggestion, auch Glaubenssätze genannt) sind Sätze, die meist in der Kindheit gelernt wurden und die ins Erwachsenenleben übernommen wurden. Wenn Sie die negativen Glaubenssätze identifizieren und sich ihrer bewusst werden, dann verlieren diese deutlich an bremsender Wirkung.

Einflüsterungen erkennen

»Ich bin sowieso schlecht in Mathe.« oder »Ich darf nicht stolz auf meine Leistungen sein – das ist Angeberei.« sind typische Beispiele für negative Glaubenssätze. Versuchen Sie sich solcher Programmierungen bewusst zu werden und halten Sie einen Moment inne, wenn diese sich in Ihr Denken einschleichen. Schreiben Sie sie auf, um sie auch auf einer physischen Ebene festzuhalten. Den Aufschrieb können Sie dann als kleines Ritual zerreissen oder in den Papierkorb werfen.

Musik-Motivation

Nutzen Sie Musik, um sich selbst zu motivieren und zu inspirieren! Vielleicht haben Sie sogar ein Lieblingsstück, das Sie besonders motiviert. Ein Musikstück, mit dem Sie positiv in den Tag starten oder ein Lied, mit dem Sie Ihre Stimmung heben und Ihre Motivation fördern können.

Musik-Motivation

So aktivieren Sie sich durch Musik:

Hören Sie motivierende Musik!
Erstellen Sie eine Liste mit Musikstücken. Welche Musikrichtung und welches Musikstück Sie besonders motiviert, hängt allein von Ihnen und Ihren Vorlieben ab.

Singen Sie mal wieder!
Es muss nicht Karaoke sein. Es genügt, einfach das Lied mitzusummen oder mitzusingen. Wenn Sie nicht so musikalisch sind, können Sie auch den Takt mittrommeln. Vielleicht spielen Sie aber ja auch ein Instrument.

Bewegen Sie sich!
Tanzen Sie! Aber auch ein Mittrommeln oder Mitwippen im Takt kann Sie in Bewegung bringen.